Lait maternel

By Common Consent Press est une maison d'édition à but non lucratif dédiée à l'édition des livres de haute qualité qui aident à définir et à influencer l'expérience des Saints des Derniers Jours. BCC Press publie des livres qui traitent tous les aspects de la vie mormone. Notre mission est de trouver des manuscrits qui contribueront aux vies des Saints des Derniers Jours, conseiller des auteurs et guider leurs projets, et distribuer des livres importants au public mormon au moindre coût.

Lait maternel
Poèmes à la recherche de la Mère Céleste

Rachel Hunt Steenblik

Illustrations par
Ashley Mae Hoiland

Traduction par
Amanda Rafidiarimanda

BCC PRESS

For information contact
By Common Consent Press
4062 S. Evelyn Dr.
Salt Lake City, UT 84124-2250

Cover design: Ralph Steenblik with D Christian Harrison
Cover illustration: Ashley Mae Hoiland
Book design: Andrew Heiss

www.bccpress.org

ISBN-10: 1-948218-03-8
ISBN-13: 978-1-948218-03-0

10 9 8 7 6 5 4 3 2 1

Rachel
Pour mes enfants, Cora et Søren,
mes parents, Claudia et Larry, et pour tous
ceux qui ont faim de notre Mère Céleste.

AshMae
Pour les premières femmes qui m'ont
demandé de prononcer les mots Mère
Céleste, et en particulier, Rachel, qui a écrit
ces poèmes. Pour Sara qui m'a encouragée
à continuer à les prononcer et à apprendre
davantage d'Elle, et mes enfants, Remy, Thea
et Luna, à qui je dirai toujours ces mots à
haute voix afin de La connaître de mieux
en mieux.

Table des matières

Remerciements

Rachel J'ai l'heureux problème d'avoir trop de personnes à re-mercier. Parmi eux sont David Paulsen, Martin Pulido, Caroline Kline, Elizabeth Pinborough, Naomi Win, Maxwell Institute, Claudia et Richard Bushman, Claudia et Larry Hunt, Melody Newey Johnson, Brooke Jones Williams, Jessica Ecker, Jan Marie Anderson, Charity Hunt, Kathy West, Missy McConkie, Carol Ann Litster Young, Michelle Larson, Brittany et Dane Thorley, Ashley Mae Hoiland, Jacob Baker, Blaire Ostler, Poesis, Exponent II, Naomi Watkins, Annie K. Blake, Emily Brown, Jason Kerr, Spencer Steenblik, Kristine Haglund, Michael Austin, Steve Evans, Tracy McKay, Kyle Monson, BCC Press, Andrew Heiss, Blair Hodges, Christian Harrison, Meg Porter, et toujours Cora et Søren Steenblik. Alors que les contributions individuelles ont variées, chacun m'a donné de l'inspiration, de l'encouragement, et de l'instruction. Je les remercie. Je n'aurais pas pu écrire *Lait maternel* sans eux.

AshMae Merci, Rachel, de m'avoir permis de faire partie de ce projet. Nous en avons parlé il y a tant d'années; c'est une honneur de travailler avec toi. Les personnes merveilleuses, patientes et encourageantes à BCC Press. En particulier, Michael Austin, Steve Evans, Kristine Haglund, et Tracy McKay, qui ont dédié du temps et de l'amour à ce projet. Andrew Heiss pour la mise en page. Merci à toutes les personnes qui travaillent derrière les coulisses qui ont soutient le projet et les premières publications de BCC Press.

Introduction

Voici les poèmes que j'ai pu écrire à partir de mes questions, de ma douleur, de mon espérance et de mon désir ardent de La connaître. D'autres personnes pourraient écrire d'autres poèmes à ce sujet. J'espère qu'ils le feront. Nous en avons besoin.

Quand l'enfant doit être sevré, la mère aussi n'est pas sans tristesse en songeant qu'elle et son enfant seront de plus en plus séparés, et que l'enfant, d'abord sous son cœur, puis bercé sur son sein, ne sera plus jamais si près d'elle. Ils subissent donc ensemble ce bref chagrin. Heureuse celle qui a gardé l'enfant ainsi auprès d'elle, et n'a pas eu d'autre raison de chagrin.

—Søren Aabye Kierkegaard

Invocation
Cher Dieu,

Aide-moi à connaître
la Mère tout comme
Elle me connait,

aide-moi à L'aimer tout comme
Elle m'aime.

Au nom de Jésus,

amen.

La faim

Le lait sans mère

J'ai cherché ma Mère, comme un bébé cherche
le sein de sa mère, la tête frottant contre elle,
la bouche ouverte, prête à téter. Mais j'avais encore soif.
Puis mon ventre a grandi, et mes seins ont grandi, et
une petite chose affamée est sortie de moi. Je lui offre mon lait
sans argent et sans prix. Mon mari
le lui ai offert une fois, alors que j'étais assise à côté d'eux dans
le train.
Elle a serré ses lèvres contre le faux téton,
et m'a fixée avec des yeux tristes. A ce moment-là, je me suis
demandée
si notre Mère Céleste était elle aussi partie dans une autre salle
pour que nous prenions le biberon.
A ce moment-là, je me suis demandée
si nous aussi sommes sevrés.

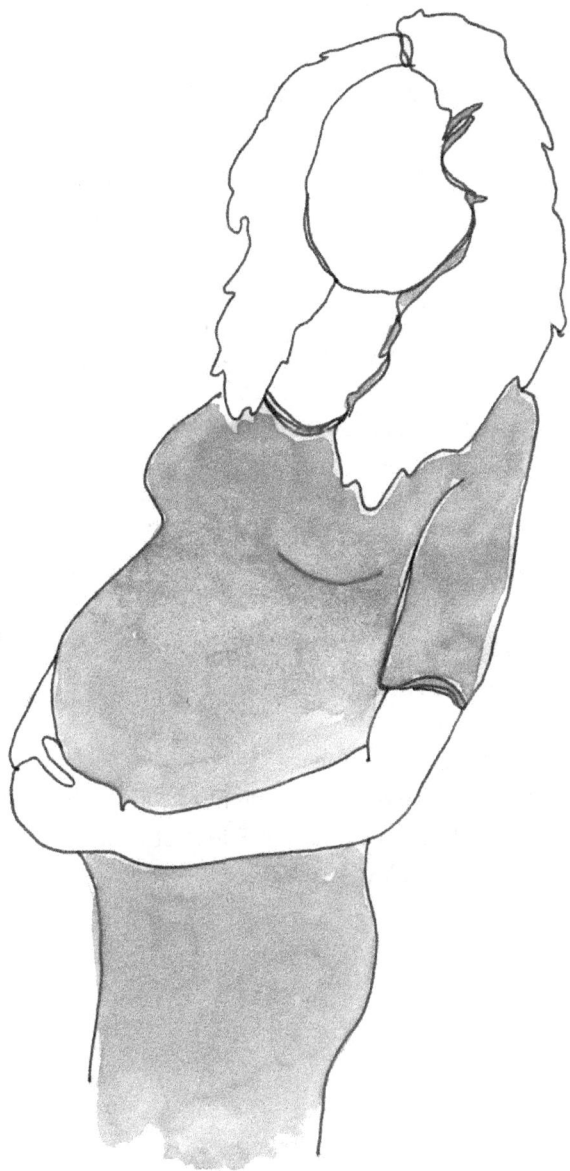

Ce que Søren Aabye m'a enseigné
Quand l'enfant devait être sevré,
la Mère a pleuré.

Comment Elle s'est brisée son propre cœur
La Mère ma serrée dans ses bras
et m'a dit, *Je suis désolée,*
Maman n'a plus de lait,
pendant que je sanglotais, sanglotais.

La fille très affamée
Un lundi soir,
la lune fraiche s'est levée, et
de son ventre est sortie une fille,
minuscule et très affamée. Elle s'est mise
à chercher sa Mère.

Questions

J'ai posé deux questions à ma fille
le jour où elle est née.

1) Est-ce qu'elle se rappelait de moi—
   ma voix, mon odeur,
   mon cœur qui bat?

2) Est-ce qu'elle se rappelait de celle
   que nous appelons toutes les
     deux Mère—
   Sa voix, Son odeur, Son cœur?

Moi je ne me rappelle de rien.

L'angoisse de séparation
Le premier jour sur Terre
de Sa fille,
elles ont toutes les deux pleuré.

La troisième Consolatrice
Quand la nuit est tombée, le
Papa a essayé de consoler
Sa fille, mais cela
ne marchait pas; elle
voulait Maman.

L'enfant
Elle peut dormir
sans sa Mère,
mais elle ne veut pas.

L'heure du conte
La Mère
peut me lire
ce qu'elle veut.
(Je veux seulement
entendre
Sa voix.)

La routine du soir
La Mère n'est pas là, pour
me lire des histoires, et
me mettre au lit, et me dire
qu'Elle m'aime. Donc je
me lis mes propres histoires, et
je me mets au lit, et
je chuchotes, *Je t'aime*,
dans l'obscurité.

Ce que Søren m'a enseigné
Les fils aussi
cherchent leurs
Mères.

Garçons Perdus
Ce que les Garçons Perdus
de Peter Pan
ont perdue était
leur Mère.

Fille Perdue
Ce que Peter ignorait,
était que
la Fille Perdue, tout comme
les Garçons Perdus,
avait elle aussi besoin d'une Mère.

Ce que tout enfant veut savoir
Ce que tout enfant veut savoir est
si sa Mère la regarde.
Ce que tout enfant veut savoir est
si elle est vue.

Coucou
Parfois nous jouons au
Coucou.
Au début je ris,
enchantée.
Où est Maman? Elle crie,
les mains La couvrant.
Me voici! Elle crie,
les mains La découvrant.
Mais je m'en lasse vite.

Encore une fois, mon tout-petit s'exprime
Je veux ma Maman !
Je veux ma Maman !
Je veux ma Maman !

Dans tous ses états
La Mère a entendu Sa fille
dans tous ses états, gémissant, pleurant,
Je ne sais pas où
trouver ma Maman !

(Elle s'est éclipsée alors que
Son mari est intervenu, mais
Leur fille ne pouvait pas
Le voir.)

Mères absentes
Libby pense que les mères
absentes apparaissent dans
les histoires pour enfants
car c'est la chose
la plus effrayant à laquelle un enfant
peut penser, et que
tout enfant peut y penser.
Je pense qu'elle a raison.

Fée Marraine
Je n'ai pas besoin d'une fée
marraine (*Godmother*),
avec des pantoufles de verre, une
calèche, et une robe, mais d'une
Mère Divine (*God Mother*) avec de la sagesse,
de la grâce et de l'amour.

Parfois
Parfois
j'ai seulement
besoin de ma
Maman.

(Parfois
il Lui est difficile
d'être si
nécessaire.)

Dame Perdue
Margaret garde
de longs souvenirs du
temple perdu, la
Dame, Ashera, la
lampe aux sept branches,
l'Arbre de Vie.

Amiri
Quand la Mère ne se présente pas
pour être comptée, je compte
le vide qu'Elle laisse derrière Elle.

Les trous
Desiree est née
avec un trou dans le cœur,
la taille d'un œil.
Mon cœur a un trou,
la taille de ma Mère.

Chez moi
Quand je dis, *Je veux
rentrer chez moi,*
je parle d'Elle.

Ce que Carol m'a enseigné
Les raisons pour lesquelles les femmes
ont besoin de la Déesse
sont nombreuses—pour affirmer leurs
corps et leur cycles,
leur menstruation
et leur accouchement, leur
affection pour les jeunes
et pour les mourants.

Ce que Rosemary m'a enseigné
Comment nous parlons de Dieu
compte:
Il.
Elle.
Ils.

Comment nous imaginons Dieu
compte:
Père Tout-Puissant.
Mère allaitante.
Parents en partenariat.

Dé-materné
Chacun de nous peut dire
ce que c'est
de perdre une Mère,
de perdre celle
qui nous a donné la vie.

Premier chagrin
Quand je L'ai perdue,
j'ai gribouillé les mots,
*Je crois que c'est cela
le deuil.*

Chaque jour
Je me suis encore réveillée
sans ma Mère.

Marco Polo
La Mère et moi jouons à
Marco Polo.
D'abord je crie, *Marco*,
et ma Mère, *Polo*.
(Je La cherche.)
Puis Elle crie, *Marco*,
et moi, *Polo*.
(Elle se tend vers moi.)

Le désir de connaître

Marco Polo, II

Après que le firmament
soit créé, j'ai
crié, *Marco*.
La Mère
a répondu, *Polo*,
et j'ai nagé
de plus en plus vite.

Les Messagers

Je cherche
des messagers de ma
Mère, pour m'enseigner.

Chercher ma Mère

Je cherche ma Mère,
pour me donner Sa sagesse
plus riche que l'argent et l'or.

La femme dans le désert
Est-Elle la femme
dans le désert
qui y est nourrie,
ou le Dieu
qui y a préparé
sa place?

La femme dans la lune
Mon frère a rêvé
qu'il avait taillé la lune
en la forme d'une femme.

Par la bouche des enfants
Meg parle avec les petits enfants de notre Mère.
Ils sont tellement curieux, elle dit,
et ils posent les mêmes questions que moi,
sans complexe.

Es-tu ma Mère?
Un petit oiseau et moi
sommes à la recherche de
notre Mère.

Ramper
L'enfant peut ramper maintenant.
Un jour elle va marcher,
courir, sauter, danser.
Va-t-elle toujours se retourner
pour chercher sa Mère?
Va-t-elle toujours revenir
monter sur Ses genoux divins?

Où est la Maman?
Quand Abbi avait deux ans, elle
demandait, *Où est la maman
dans cette histoire*? (pour chaque histoire)
Quand j'avais vingt-quatre ans,
j'ai emprunté sa question.

Supplication
Un bébé
qui crie
dans la nuit
pour sa Mère.
Le premier
appel primordial.

Non-fiction
Lisa a écrit, «Les choses
irréversibles,» en sens inverse, dont:
La première chose que je fais
quand je me réveille est chercher
ma Mère.

Te chercher
Si je savais où te trouver,
je sortirais du lit,
et crierais *Maman*, jusqu'à ce que je te trouve.

Maman
Cora dit
Maman,
Maman,
Maman,
Comme une prière.

Dieu, tu es là?
C'est moi, Rachel.

Langue Maternelle
Cora met ses doigts
dans ma bouche, pour apprendre
ma langue. Quand
je le lui permets, elle rit
Est-ce que j'ai fait cela
avec ma Mère?

L'étendue scintillante de la mer
Les jours difficiles,
nous marchons jusqu'à la mer
pour trouver la Mère—
pour regarder les vagues,
pour sentir le sel,
pour ressentir le vent,
pour L'entendre parler.

Si je pouvais écrire une lettre
Chère Maman,
Tu me manques.
Est-ce que je te manque ?
Bisous,
Rachel

Respirer

J'avance à pas de loup dans la
chambre de ma fille, pour voir si
elle respire encore. Sa
poitrine se soulève et redescend, une
main bouge. Elle soupire.

J'avance à pas de loup dans les
cieux de ma Mère, pour voir si
Elle respire encore.
Sa poitrine se soulève et redescend, une
main bouge. Je soupire.

Suis ton nez
Cora sait
où me trouver
par mon odeur.
(Elle peut le faire
dans son sommeil.)

Est-ce que je sais où
trouver ma Mère
par la Sienne?
(Je le fais
dans mes rêves.)

Elle sent
toute bonne chose—
le jacinthe et le miel,
la lavande et le citron,
la menthe et le basilic.

arning to

L'apprentissage

Fatiguée
La Mère
nous aime,
mais Elle est
fatiguée.

Sa lignée
La Mère est née de
Sa Mère,
qui est née de
Sa Mère,
qui est née…

L'heure où Elle a appris qu'Elle était Dieu
Quand Son heure
est venue, Elle a prié
pour être délivrée,
avant de Se rappeler
que la Libératrice,
c'était Elle.

Les cernes
Si nous pouvions L'ouvrir,
nous pourrions compter Ses cernes
et connaître Son âge,
mais nous apprendrions également Sa faim—
les années pendant lesquelles Elle s'enracinait profondément
et jetait Ses bras vers le ciel,
et comment Elle les portait
avec grâce.

Son âge
Elle est plus âgée
que la Terre.

La Grande Elle est
La Mère est présente.
(Et passée. Et future.)

Au commencement
La Mère
chanta une berceuse
et la Lumière fut.

Première Chanson
La Mère ne Se rappelle pas si
Elle a pleuré quand Son premier enfant d'esprit est
né, mais Elle Se rappelle d'avoir
pleuré quand Elle lui a chanté la Première Chanson.

Elle a fixé les dimensions
Elle était là
quand les fondations
du monde étaient fixées,
quand les étoiles du matin
éclataient en chants d'allégresse et toutes
les filles de Dieu
poussaient des cris de joie.

La Mère est une vieille astronome
Elle compte les étoiles
et les nomme.
Elle les connait chacune;
Elle voit leur lumière.

Son corps
Son corps est céleste—
aussi brillant que le soleil,
aussi chaud que la lune.

Son corps croît
et décroît—
un signe de santé,
de vie.

Luna
Elle est la
lumière la plus douce,
et gentille,
qui offre de l'espoir
courageux dans
L'obscurité.

L'Ancienne des nuits

Parmi les grands et les puissants
il y avait notre Mère Céleste,
L'Ancienne des nuits et la mère de tous,
avec beaucoup de ses filles fidèles
qui avaient vécu au cours des siècles.

Son œuvre et Sa gloire

L'œuvre et la gloire
de la Mère
est de réaliser
l'immortalité et
la vie éternelle de
Ses enfants.

L'œuvre et la gloire
de la Mère
est d'aimer.

La Porteuse
La Mère a porté
nos âmes.
Je Lui ai demandé,
Est-ce qu'elles étaient lourdes ?

Ce que Margaret m'a enseigné
Son nom veut dire
la création elle-même.
Son nom veut dire
vivre.

Ce que la Mère m'a enseigné
La création est
plus que
la procréation.
C'est la neige, les oiseaux,
les arbres, la lune,
et le chant.

La tisserande
La Mère choisit Ses
couleurs avec soin—l'espoir, le désespoir,
l'amour, la peur, la joie, la tristesse. Elle
tisse le matin, le fil
de trame entre la chaîne, encore
et encore.

Ce que Whitney m'a enseigné
La Mère préfère le dos
des toiles de point de croix. Elle
témoigne de la beauté de
l'imperfection, des arrêts et des reprises, des
intersections, des fils lâches et
des bords effilochés.

La grande Créatrice
Elle est la Mère de
la tonnerre, de l'éclair,
des crocus, des enfants,
du sel, et du chant.

Genèse
Et Dieu dit,
Faisons la femme à
notre image, selon
notre ressemblance. Donc
Dieu créa la femme à
Son image, à
l'image de Dieu:
Elle créa l'homme et la femme.

La Mère de tous les vivants
La Mère Céleste, comme
Eve, veut dire la donneuse de vie;
Elle de tous les esprits,
Eve de tous les corps.
Ensemble, elles forment
l'âme.

Le Dieu maternel
Les histoires d'accouchement
ont en commun les mêmes
paroles de travail,
Je ne peux plus
le faire, avant
finalement
de le faire.

La chose la plus dure
Parfois quand Elle regardait Ses
enfants dans les premiers jours de la création,
la seule chose à laquelle Elle pouvait penser était,
La chose la plus dure que j'ai jamais faite
était pour vous. Et puis Elle a pleuré.

Ce que la Mère a appris
La Mère a appris comment
être toujours interrompue
et fatiguée.

Le huitième jour
Le huitième jour
de la création,
la Mère se reposa.

Post-partum
Après la création,
la Mère a connu
la tristesse—le vide
qui vient après la plénitude,
la douceur qui demeure
pendant longtemps.

Choisir la sagesse
La mère
a conseillé Eve
de choisir la sagesse.
Quand elle l'a fait,
la Mère
S'est réjouie.

Bénédiction matriarcale
La Matriarche a donné à
ses enfants une bénédiction,
avant de les envoyer sur
Terre. La lignée et la ligne
les plus importantes étaient celles-ci.
Je vous aime. Je suis votre Mère.

L'angoisse de séparation, II
Mère, elle aussi, est anxieuse
quand Ses enfants pleurent, un
voile d'oubli cachant Ses
dernières paroles : *Je reviendrai toujours*
pour vous. Ce ne sera
qu'un petit moment.

Leçon de vie
L'une des premières choses
que nous devons apprendre sur Terre
est comment dormir
sans notre Mère.

Au Livre saint ils gravent tout ce que tu fais
La Mère en haut
note chaque événement marquant :
premier souffle, premier sourire,
première dent, premier redressement,
première marche à quatre pattes, premier pas,
premier mot, première prière,
premier tope-là, première
luciole, première foi,
premier amour, première brisure,
premier doute, première joie,
premier retour au foyer.

Ce qu'Adam m'a enseigné

Elle n'est pas silencieuse ;
Elle est calme.
Pour L'entendre,
il faut se
tenir tranquille.

La petite voix douce

Ma Mère n'était ni dans le vent,
ni dans le tremblement de terre.
Elle n'était pas dans le feu,
mais dans une petite voix douce.

Elle peut être bruyante quand elle le veut

Elle peut être dans le vent.
Elle peut être dans le tremblement de terre.
Elle peut être dans le feu.
Elle peut se moquer de la petite voix douce.

Hors de prix

La Mère est mieux que les rubis,
(et les perles, et les vaches)
et toutes les choses qui peuvent être désirées
sont rien par rapport à Elle.

Plusieurs noms

Elle a plusieurs noms:
Sophia, Ashera, Ruah,
Thea, Korra, Luna.
Elle répond à tous.

Ses dons

Ses dons sont la grâce,
la sagesse, la gentillesse.
Elle les partage de bon cœur.

Un cœur sage
La Mère est
sage de cœur, et
puissante en force.

La chair
La Mère a un corps
de chair et d'os
aussi tangible que celui de la femme;
Ses filles aussi.

La Grande Elle est, II
Elle est le Dieu de
Sarah, Rebecca,
et Rachel.

Elle contracte des alliances avec
Ses filles.

Apprivoisées
La Mère est devenue responsable
pour toujours de ce qu'elle a apprivoisé.
Elle est responsable de Ses filles.

Le Dieu de votre mère
Le Dieu de votre mère
vous aidera,
et la Toute-Puissante
vous bénira
des bénédictions des
cieux et de la terre,
et des seins et du ventre.

La Reine
La Reine sera
notre Mère nourrice.

Le Dieu qui pleure
On entend des cris dans les cieux,
des lamentations, des larmes amères;
La Mère pleure ses enfants, et
Elle refuse d'être consolée,
car ils ne sont plus.

Ce que Chieko m'a enseigné
Le visage de la Mère
nous est caché,
car Ses bras
sont autour de nous.
(Nos têtes se reposent
doucement sur Son épaule.)

Celle qui regarde les moineaux
La Mère regarde
les bouches de Ses enfants
former un sourire, puis une grimace—
notant le moment exact où le sourire
tombe.

Les eaux vives
Quand la Mère
avait soif, Elle
buvait abondamment,
de la source
de la vie éternelle.

Ce que Gene m'a enseigné
La Mère et
le Père sont liés
plus étroitement que la Divinité—le
mot «Dieu»
renvoie vers les deux.

Dieu a tant aimé le monde
La Mère nous a aimé
autant que le Père.
Ils envoyèrent Leur Fils.

Les Mères
Les Mères
du Seigneur sont
bénies entre
les femmes, Marie
qui a fait de la place
dans son corps, et Elle
qui a fait de la place
dans Son esprit.

Premiers miracles
Le premier miracle du Fils était
changer de l'eau en vin.
Le premier miracle de la Mère était
changer de l'eau en lait.
Elle nous nourrit tous.

Comme un homme que sa Mère console
Elle a montré Son Fils
comment materner, afin
qu'Il le montre au monde.

Les Parents Célestes
La Mère Céleste et
le Père Céleste sont
des parents aimants,
il disent,
Regardez mon Enfant.
Regardez ce que mon Enfant
peut dire.

Le langage de la colombe
La Mère a parlé doucement,
Celui-ci est mon Fils élu:
écoutez-le!

La Dame dans le temple
Son corps
est sacré
au Seigneur.
Il est la maison
Du Seigneur.

Quand Jésus était un enfant
Il leur a dit,
Pourquoi me cherchiez-vous?
Ne saviez-vous pas qu'il faut que je m'occupe
des affaires de ma Mère?

Telle Mère, Tel Fils
La mission du Christ était
également de faire la volonté
de la Mère.
Il a annoncé,
Celui qui m'a vu
a vu la Mère.

L'arbre Mère
Après avoir nourri, et bêché,
et taillé, et fertilisé,
et pleuré, le Seigneur de la
Vigne s'et souvenu de l'Arbre
Mère.

Il L'a ramenée à Ses
enfants, et Ses enfants
à Elle, en greffant leurs branches
sur Ses branches. Leur unité
ainsi préservée—les branches et les racines naturelles,
et les racines de l'Arbre Mère.
Elle a porté du bon fruit.

La bonne Bergère
Elle a enseigné son Fils
à appeler Ses brebis par leur nom,
et les guider.

Quand Elle produit
Ses propres brebis,
Elle marche devant eux,
et les brebis La suivent:
car ils connaissent Sa voix.

Sa voix
Sa voix est un murmure—
calme et profond.

Les porteurs
La Mère a porté
nos âmes:
Son Fils,
notre chagrin.

Il est venu à Elle
Quand la Mère
était affligée,
et très lourde,
Elle a crié, *Mon Fils.*
Il est venu à Elle
de la terre,
pour La fortifier.

Ce que Nathan m'a enseigné
Il m'a dit, *Il est étrange*
qu'un Dieu qui donne naissance—
à un Fils, à un Esprit saint, à une création—
est appelé «Père.»
Père plutôt que Mère? j'ai demandé.
Plutôt que Maman, il a répondu.
Au lieu d'appeler Dieu «Abba,»
Jésus aurait dû l'appeler, «Maman.»

Sous la forme d'un ange
Quand Jésus
était affligé,
et très lourd,
Il a crié, *Maman*.
Elle est venue à Lui
des cieux
pour Le fortifier.

Arbre de Vie
Quand Jésus était sur la croix,
Son Père était peut-être
dans les coins les plus reculés des cieux,
à cause de sa tristesse.
(Nous pouvons Lui accorder cela.)
Sa Mère était peut-être
juste à côté de lui,
Ses branches Lui tenant—
un saule pleureur,
L'arbre de Vie.

Ce que la Mère portait
La Mère
portait Son Fils,
alors qu'Il portait
le monde.

Les places célestes
Le Père se tient
à la droite
de la Mère,
à côté de Leur
Fils bien-aimé.

Ce que Joseph m'a enseigné
Si les femmes ne comprennent pas
le caractère de Dieu la Mère,
elles ne se comprennent pas elles-mêmes.

Maman ourse
Katie m'a enseigné
à envisager la Mère Céleste
comme une maman ourse, féroce
et tendre
envers Ses oursons.
(Elle en a même fait
un dessin.)

Ce qu'Emily m'a enseigné
La perfection n'est pas Son but,
mais l'amour.

Mère arc-en-ciel
La Mère aime Ses enfants intensément,
tous ses enfants rouges, oranges, jaunes, verts, bleus, violets,
et arc-en-ciel.

La Mère et grande et large
La Mère a
de grands bras et
un amour large, afin de
nous encercler tous.

Ce que Shaura m'a enseigné
Elle est là.
Comme quand tu appelais la maison
avant l'époque des portables
et c'était ton père qui répondait,
mais tu voulais seulement parler
à Maman.

Ce que Janan m'a enseigné
La Mère Céleste
est une femme noire
avec la magie
de femme noire.

Ce que Melody m'a enseigné
Le Père parlé;
la Mère chante.

Ce que Twila m'a enseigné
Seule la mer
peut se rapprocher
de l'étreinte
de la Mère.

Le voile

Je croyais que la Mère
était le voile,
l'océan, embrassant
la terre et le ciel.

L'eau salée

Les larmes de la Mère
remplissent la mer—
toutes les larmes salées, et les douces.
Nous pouvons y nager,
mais nous ne pouvons y boire.

Calmée

La Mer est calme aujourd'hui.
Hier, Elle ne l'était pas.

Les espaces blanches
La Mère est peut-être dans
les espaces blanches—les
silences, les soupirs,
les arbres, et le vent.

Ce que Samuel m'a enseigné
La Mère est dans le vent.
Elle me transporte doucement, fermement.
Je ressens Sa force;
je vois Ses fruits.

L'arbre vivant
La Mère commence Ses jours dans les forêts,
respirant dans les racines profondes,
les vieilles veines, et la croissance circulaire.
Elle étend Ses bras envers Dieu,
et se tourne vers la lumière.

Arbre de Vie, II
Quand il fait le plus froid,
Elle perd Ses feuilles,
et se tient nue,
vulnérable, et courageuse,
afin de laisser la lumière rentrer.

Elle contracte des alliances avec Ses enfants
La Mère garde Ses
alliances de baptême. Elle
pleure quand nous pleurons,
se réjouit quand nous nous réjouissons.

Par l'exemple
Elle m'a enseigné
comment rester avec
les autres dans leur tristesse,
et ne pas dire
un mot.

Ce que Terry m'a enseigné
Les journaux de notre Mère sont vides.
C'est nous qui écrivons dedans.

Li-Young Lee
Quand j'avais vingt ans,
j'ai entendu un poète
lire un poème
à propos de Dieu.

Une fille, il a dit,
*l'un de ses noms
est le Changement.*

Je me suis mise à pleurer.

Quand j'avais vingt-neuf ans,
j'ai lu le poème
à propos de Dieu,
au bébé
dans mon ventre.

Une fille, j'ai dit,
*l'un de ses noms est
le Changement.*

J'ai pleuré encore.

Le craquement
Le soir où Cora est née,
j'ai entendu un craquement.
C'était mon cœur, désormais ouvert.
Je savais instinctivement
qu'il ne se reformerait pas,
et que le cœur de la Mère
s'est déjà fondu dix milliards de fois.

De vieux yeux
Je pensais que quand je
devenais une mère,
j'aurais de nouveaux yeux,
afin de voir la Mère.
Mais j'ai plutôt de vieux yeux,
juste assez sage
pour La reconnaître.

Les yeux de Dieu
Les yeux de Dieu sont
les yeux de la Mère.
Voir les autres tel
que Dieu les voit,
est voir comme
la Mère.

Jeu d'enfant
La Mère Céleste ne pensait pas
qu'Elle croyait aux jouets,
jusqu'à ce qu'Elle a vu Sa fille
jouer avec la lumière du jour,
le vent, les arbres, les chansons.
Maintenant Elle cherche à lui donner
toute bonne chose.

L'acquisition des langues
Quand Cora apprend à dire *maman*
va-t-elle oublier comment dire *Mère?*

La linguiste
La Mère lit
à Ses enfants des contes
et des livres de philosophie
en toutes les langues
du monde.

L'auteure
Pendant que Ses enfants dorment,
Elle écrit.

Peut-être
Peut-être qu'il faut être une mère
pour connaître la Mère,
il faut porter quelque chose à l'intérieur
pendant des mois, avant de la mettre
au monde—
un enfant, un poème, une idé.

La Mère comprend
La Mère
divine
de nous tous,
comprend
que pas chaque femme
est une mère.

J'ai rêvé que ma Mère était Dieu
Elle avait des yeux profonds,
et des cheveux aussi rebelles
que les miens;
un visage marqué de
la sagesse de du rire;
un cœur lourd comme l'or.

Son vrai nom
La première chose qu'Eden voulait savoir
sur sa Mère Céleste était Son nom.
Quand je lui ai dit que je ne le connaissais pas,
elle a répondu à sa propre question.
Je pense que notre Mère Céleste est la Dame Nature.
Un jour nous connaitrons Son vrai nom,
comme Melissa.

Ce que la Mère m'a enseigné, II
Aimer les prairies,
et la marche,
et les fleurs.

Ce qu'Alicia m'a enseigné
Notre Mère
est dans la terre.
Elle y vit
et s'y épanouit
et y meurt.

Notre Mère
est dans le temps et la lumière.
Elle amène avec Elle le lendemain,
l'avenir, et le lever
du soleil.

Mère Terrestre
Son haleine est terreuse,
douce et soyeuse.
Son corps chaud
et nourrissant.
Elle offre des fruits et
des herbes dans leur saison;
du lait et du miel,
sans argent
et sans prix.

Mère Terre
Hénoc a entendu Sa voix
de Ses endroits profonds,
Pauvre de moi,
la Mère de toutes les femmes;
Je suis affligée, je suis épuisée.
Quand pourrais-je me reposer?
Et Quand Hénoc
L'a entendu pleurer,
il a pleuré aussi.

L'inverse de la naissance
La Mère Terre nous tient
d'abord sur Ses genoux,
puis dans Son ventre.

Nos corps deviennent
un avec le corps
de notre Mère.
Une nouvelle vie encore
qui sort de la mort.

Le matin où Søren est né
J'ai entendu les cris de travail
de la Mère
qui sortaient
de ma propre
bouche.

Un état de repos
La Mère n'est
plus fatiguée.
Elle dort lorsque
Ses enfants dorment,
rêve lorsqu'ils
rêvent.

L'apaisement

L'esprit d'Eliza
La Prophétesse Eliza
est venue, et a tourné
le cœur de la Mère
vers Ses enfants,
et les cœurs des enfants
vers leur Mère.

La première chose à faire
Elle a dit,
Arrêtez,
et sachez
que Je suis Dieu.

Un chahut
Elle est maintenant la Reine,
et Elle sera vraiment une grande Reine.

La ressemblance familiale
La Mère cherche Ses propres
traits dans le visage de Sa fille,
tout ce qui Lui ressemblerait.
Puis Elle le voit:
la forme d'une ligne par ici,
une étincelle de gentillesse par là.

Brûler comme une flamme
Parfois le désir de se sentir
proche d'Elle dégage sa propre chaleur.
Parfois cela suffit.

J'y ai une Mère
Eliza le savait par sa raison.
Je le sais par un sentiment
et par l'espoir.

J'ai une Mère ici
Elle est près de moi.
Elle est gentille.
Elle m'aime.

La potière s'imprime
La Mère tient l'argile
et la sculpte,
se reposant seulement
lorsque chaque création ressemble
à Dieu.

Avant
Avant qu'Elle m'a formée
dans le ventre,
Elle me connaissait.

Du ventre
Avant de naître,
je L'ai entendue.

Langue maternelle, II
Elle m'a donné
Sa langue,
dans le ventre.

Première amie
Quand j'étais une fille d'esprit,
j'habitais avec Dieu.
J'étais Sa compagne,
et Elle la mienne.

Ce que Claudia m'a enseigné
Ce qu'est un ventre,
et comment
l'amour d'une Mère
nous encercle.

Terre Mère
Elle est ma Terre Mère—
là où je suis née.

Les vérités les plus répétées
Nous sommes aimés par Elle.
Nous devons devenir comme Elle.

Le lait et le miel
Ma faim fait couler
Ses seins, trempant Son
chemisier de lait et de miel.

Ma Maman me répond
Je cherche, bouche ouverte
et hurlant.
Elle me répond,
m'allaitant
sur demande.

La bénédiction parfaite
La Mère m'a tenue
dans Ses bras
et m'a bénie,
me donnant
mon nom.

Apprivoisée, II
Elle et moi sommes liées ensemble
d'une manière que je ne peux expliquer.

La communion
La Mère m'a offert
Son sein, me disant
Ceci est mon corps.
Prends.
Mange.

Le lait maternel
Son lait est fait
pour chaque enfant,
aussi individuel
qu'il est infini.
Elle connaît nos
besoins par un baiser.

Elle m'a apaisée
Quand je me suis réveillée pendant Son absence,
Elle m'a apaisée.
*Tu t'es réveillée et
ta Maman était partie,
tu devais avoir
tellement peur.*

Elle m'a embrassée
Avant que ma Mère
n'a quitté la salle,
Elle m'a embrassée
doucement et m'a dit,
Je reviens tout de suite.
Je ne suis pas loin.
Après que ma Mère
est entrée dans la salle,
Elle m'a embrassée
doucement et m'a dit,
Je ne t'ai pas oubliée.

Dieu s'est souvenu de Rachel
La Mère ne peut oublier
Son nourrisson;
Elle a de la compassion sur
la fille de Son ventre.

Notre faim
Notre faim
interrompt
Ses rêves,
et c'est la raison
pour laquelle Elle
s'en rappelle.

Elle s'appelle peut-être Beatrice
Elle me tient la main
et me guide vers
toute la vérité.

Et même les cheveux de votre tête
La Mère met continuellement les cheveux
de Son enfant derrière ses oreilles.

Le petit-déjeuner
La Mère aime
ceux qui L'aiment;
et ceux qui La cherchent
sans tarder La trouveront.
(Nous prendrons le petit-déjeuner ensemble.)

Dans la maison de Dieu
La porte
est grande ouverte,
le véranda est plein—
Maman et Papa
sirotant de la citronnade,
lisent des livres à haute voix
à chaque enfant.

Dimanche matin
J'essaie les chaussures,
les colliers, les boucles d'oreilles
de Maman et
Elle me sourit.

Sortie Mère/Fille
Elle m'achète
un yaourt glacé
les mauvais jours.

Es-tu ma Mère, II
Quand l'oiseau était jeune,
elle appelait tout le monde *Mère*.
Quand l'oiseau était jeune,
Elle a dit, *Me voici*.

L'oiselet
Elle m'a laissée
dans notre nid,
est revenue avec
de la nourriture et
des chants, avant
de me pousser
à voler.

Maman oiseau
La Mère se rappelle toujours de chanter
chaque matin et chaque nuit—
des berceuses pour Ses enfants.

Elle se rappelle de tout
De chaque cheveu.
Chaque petit oiseau.

Mère Poule
Combien de fois m'a-t-elle rassemblée
comme une poule rassemble ses poussins
sous ses ailes,
et m'a nourrie.

Elle est venue à elle
Quand la fille
était affligée
et très lourde,
elle a crié, *Maman*.
Elle est venue à elle
des cieux
pour la fortifier.

Arbre de vie, III
La Mère est un
refuge, pour chaque
être qui vole.

Le sel et la lumière
Nous sommes le sel
de la terre de la Mère.
Nous sommes la lumière
située sur Sa montagne.

Le pain de vie
La Mère se lève,
et tombe,
et se relève,
donnant la vie
au monde
entier.

La mémoire corporelle
Est-il important
que Son corps
se rappelle des douleurs de
la menstruation,
l'infertilité, et
l'accouchement?
(Il l'est pour moi.)

Son répertoire

Elle connaît les chants que
les étoiles du matin ont chanté
ensemble, et celui que les
étoiles en deuil ont chanté
seules.

Elle l'a chanté en premier—la mélodie
du chagrin, avec son
accompagnement de douleur, ses
pauses et ses demi-soupirs, qui tous les deux
pausent et soupirent, le
point d'orgue, qui tient
ce qui a été perdu, le
trémolo du deuil
matinal.

Ce que Janice m'a enseigné

Elle est toujours
avec les mères
pendant qu'elles forment
les corps.

La doula céleste

L'esprit de Dieu, le Souffle de Dieu,
celui sans lequel Il ne pouvait vivre,
m'a donnée du souffle lorsque j'ai
donné la vie à ma fille.
Elle se tenait à côté de moi sur le précipice,
pour que je ne sois pas seule. Nous avons expiré
et inspiré à l'unisson. Elle murmurait,
m'appelant par mon nom.

L'intuition

Elle rit juste avant que je ne ris,
pleure avant que je ne pleure,
a faim juste avant moi.
Nos esprits sont unis,
même s'ils sont deux.
Son lait me maintient en vie.

Bailler

J'ai baillé assez grand pour mettre Cora au monde.
La Mère a baillé aussi grand que l'éternité.
Et toute l'éternité a tremblé.

Les oreilles pour entendre
Le Père ne pouvait entendre
les gémissements de Sa fille,
même s'il dormait à côté d'elle
dans la même chambre.
La Mère se réveillait à chaque bruit.

Les oreilles pour entendre, II
La mère peut distinguer
les cris de Sa fille:
la faim, le fatigue, *laissez-moi tranquille*,
la solitude, l'ennui, la colère,
la tristesse, la saleté.
Elle assiste à chacun.

Soulever avec les genoux
Les jours difficiles, je ne peux porter les cris de mon enfant;
ses larmes sont trop lourdes, le poids trop encombrant.
Ma Mère arrive à mes côtés.
Nous soulevons ensembles, avec les genoux.

Des ballades à vélo à minuit
Je me suis baladé à vélo sous la pleine lune
jusqu'à l'endroit où la terre rencontre l'eau.
Maintenant je rends mon enfant à ma Mère
la nuit, et je remercie la dame de la lumière.

La lumière lunaire
Quand la nuit est tombée, je L'ai trouvée
en train de sourire à la terre, jetant
dessus sa douce lumière,
Son amour dirigeant les vagues et les femmes;
chacune suivant la lune.

L'image miroir
Il est difficile maintenant de dire
si Elle a été créée à
mon image ou moi à la sienne.
Ce qu'il est facile à dire est
quand je regarde dans le miroir,
je vois Dieu.

D'une manière obscure
Je vois au moyen d'un miroir,
d'une manière obscure,
et je peux à peine
La voir.

Craquement, II
Quelque chose s'est fendue.
Elle est partout.

Pendant un moment
Quand j'étais fatiguée,
je me suis cachée le visage
de Cora.
La Mère
ne me suis pas cachée
le visage.

Le voile
Quand ma fille pleurait
pour moi pendant ma douche,
je lui ai donné des mots doux.
Je suis là.
Je suis juste de l'autre côté
du rideau.
Et soudain,
je savais que ma Mère
était.

La Mère n'est pas absente
Elle prend
une longue douche,
une sieste, et elle va
aux toilettes
toute seule.

La consolatrice
Le mot de ma fille pour le confort
est Maman.

Proche d'un miracle
La capacité d'un bébé
de reconnaître
sa Mère
vaut tout.

Après avoir dormi dans la forêt
Mary a écrit,
Je pensais que la terre
se souvenait de moi,
elle m'a ramenée
si tendrement.
Je pensais la même chose
de ma Mère.
Je pensais,
Amen.

La reconnaissance
Chris a rêvé
qu'elle a vu la Mère
dans un bosquet.
Quand Elle s'est retournée
elle a reconnu Son visage.

Je ne suis pas loin
Quand Søren est né,
je répétais
les paroles de la Mère:
Je ne t'ai pas oublié. Ce ne sera
qu'un petit moment.
Je ne suis pas loin, je ne suis pas loin,
je ne suis pas loin.

Retour à la maison
La Mère a ressenti Sa fille
extatique, en se propulsant dans
Ses bras, *Je croyais que*
je ne te reverrais plus jamais!
Pourquoi?
Je ne sais pas pourquoi.

Ma fille parle à Dieu

C:

*Je suis triste car
je me sentais seule. J'ai appelé
Maman, Maman,
Maman.*

Elle:

*C'est pour cela
que je suis là.
Tu m'as appelée et
Je suis venue.*

Ce que Jeffrey m'a enseigné
La Mère
traverse
des déserts
vastes
pour nous trouver.

La Mère met ses délices à être claire
Elle nous parle
d'une façon que nous
comprenons.

La mémoire des sons
Je L'entends dans chaque
bon son—
le rire de Cora,
les chants des oiseaux,
le bruit du pop-corn,
le souffle du vent,
les cloches, les cordes
du violon, les pianos,
le bruissement des feuilles,
l'émerveillement devant
les feux d'artifice.

Ce que Jim m'a enseigné
Entendre la
voix de ma Mère
m'appeler doucement, et
le son de l'amour
et de la sagesse
qui remplit mes oreilles.

Une planète et une étoile
Ce que rend les cieux beaux
est que quelque part, s'y trouve la Mère.

Mon premier article de foi
Je crois en Dieu, le Père
et la Mère Eternels,
et en Leur Fils, Jésus-Christ,
et au Saint-Esprit.

Mon deuxième
Je suis une fille
des Parents Célestes,
qui m'aiment,
et je Les aime.

Re-tourné

Quand j'ai tourné mon
cœur vers ma Mère,
Son cœur s'est tourné
vers moi.

Toujours
J'avais peur du
noir dans ma chambre,
ma Mère m'a demandé,
Est-ce que tu te sens en sécurité quand
tu es avec Moi?
Je lui a répondu,
Oui, toujours.

Ce que J.P. m'a enseigné
C'est une veilleuse
pour nous qui sommes
envoyés ici-bas
sur terre.

Ce que Calvin m'a enseigné
Où la Mère est,
là est le foyer.

Telle qu'Elle est
Quand Elle apparaîtra,
nous serons semblables à Elle,
parce que nous La verrons
telle qu'Elle est.

Des mocassins roses
Je L'ai vue, dans
Sa propre maison,
portant des mocassins
roses
et parlant
aussi fortement
que possible.

Pleine de Mère

La Mère est dans
ma bibliothèque, ré-
accumulée par mes poètes sœurs, Eliza,
Carol Lynn,
Joanna,
Lisa, Margaret,
Melody.
Elle est dans mes sœurs,
Cumorah, Liahona,
Charity.
Elle est dans ma mère,
Claudia.

Chez moi, c'est une maison
pleine de Mères.
Je peux y habiter.

Des géants
Je me tiens sur les
épaules des écrivains
aux âmes de géants, qui ont partagé
leur faim/désir/
apprentissage/apaisement
de la Mère
en premier.

Je les bénis.

Ce que Joanna m'a enseigné
Dieu est une Mère et
un Père.
Je suis importante. Je suis importante.
Je suis importante.

Des endroits sacrés
Nous avons grimpé
jusqu'en haut de la montagne,
Elle et moi,
et y sommes restées un moment.

La loi d'adoption
La Mère et moi,
nous nous sommes adoptées,
nous liant l'une à l'autre
et à la famille entière:
imparfaite, effilochée,
emmêlée, humaine,
belle, divine.

La vie éternelle
Voici la vie éternelle:
La connaître.

Bois d'olivier
La Mère partage
de l'huile frais et
du vin nouveau—
elle consacre,
et donne de la lumière.

La demeure
Son corps est
toujours ma demeure.
Je m'endors
sur les montagnes
de Sa poitrine.

La Mère qui sait
La Mère sait que nous avons besoin
de toutes ces choses.

La vérité
A vrai dire, je ne peux pas arrêter
de chercher ma mère.
A vrai dire, je ne sais pas si
Elle veut être retrouvée. Mais
quelque chose de grande et de minuscule dans
mon cœur me dit qu'Elle
le veut—qu'Elle aussi, comme
Ses enfants, veut
être vue.

Ce que Vaiana m'a enseigné
Le cœur de la Mère
peut être volé, mais
il peut aussi être restitué.

Les conques
Ce ne sont pas la mer;
ce sont des souvenirs de la mer.
Les oiseaux. Les arbres. L'huile d'olive. Le pain. Les lunes.
Ce ne sont pas la Mère;
ce sont des souvenirs de la Mère.
Je L'entends partout.

Bénédiction
Cher Dieu,
Que la Mère
me désire
tout comme moi je La désire,
qu'Elle coure vers moi
tout comme je cours vers Elle,
qu'Elle me soulage
tout comme je soulage
mon fils
et ma fille.
Au nom de Jésus,
Amen.

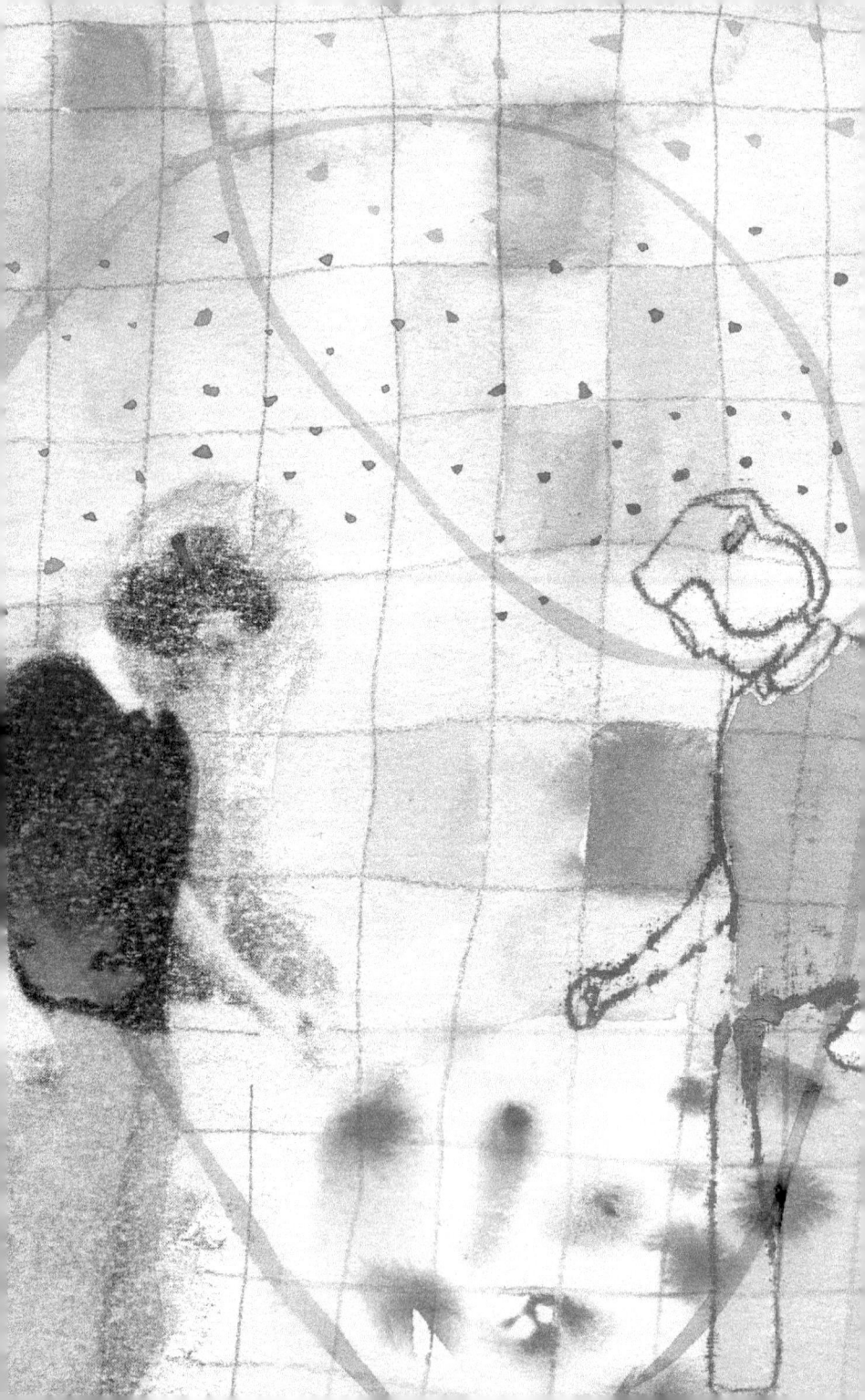

Notes de l'auteur

Le lait sans mère   Titre via Annie K. Blake. Inspiré (comme beaucoup de mes poèmes) de ma fille Cora. Inspiré également de l'Atmosphère de Søren Kierkegaard dans *Crainte et Tremblement*.

I. «Quand l'enfant doit être sevré, la mère se noircit le sein, car il serait dommage qu'il gardât son attrait quand l'enfant ne doit plus le prendre. Ainsi l'enfant croit que sa mère a changé, mais son cœur est le même et son regard est toujours plein de tendresse et d'amour. Heureux celui qui n'a pas à recourir à des moyens plus terribles pour sevrer l'enfant!»

II. «Lorsque l'enfant, devenu grand, doit être sevré, sa mère cache pudiquement son sein, et l'enfant n'a plus de mère. Heureux l'enfant qui n'a pas perdu sa mère autrement!»

IV. «Quand l'enfant doit être sevré, sa mère recourt à une nourriture plus forte pour l'empêcher de périr. Heureux celui qui dispose de la forte nourriture!»

Ce que Søren Aabye m'a enseigné   Atmosphère III de Søren Kierkegaard. «Quand l'enfant doit être sevré, la mère aussi n'est pas sans tristesse en songeant qu'elle et son enfant seront de plus en plus séparés, et que l'enfant, d'abord sous son cœur, puis bercé sur son sein, ne sera plus jamais si près d'elle. Ils subissent donc ensemble ce bref chagrin. Heureuse celle qui a gardé l'enfant ainsi auprès d'elle, et n'a pas eu d'autre raison de chagrin.» dans *Crainte et Tremblement*.

La fille très affamée   Inspirée de *La chenille qui fait des trous* par Eric Carle.

L'heure du conte   Inspiré de la chanson «The Book of Love» de Stephin Merritt des Magnetic Fields, *69 Love Songs* (Merge Records, 1999). «I love it when you read to me. And you, you can read me anything.»

Les Garçons Perdus   J. M. Barrie, *Peter Pan*

La Fille Perdue   J. M. Barrie, *Peter Pan*

Ce que Carol m'a enseigné   Carol P. Christ, «Why Women Need the Goddess,» *Heresies* 2.1 *The Great Goddess* (1978), 8–13. «Pourquoi les femmes ont besoin de la déesse: réflexions phénoménologiques, psychologiques et politiques» disponible dans *Reclaim, recueil de textes écoféministes*, Editions Cambourakis, 2016.

«Les systèmes de symboles religieux qui sont centrés exclusivement autour des images masculines de la divinité créent l'impression que le pouvoir féminin ne peut jamais être complètement légitime ou entièrement bénéfique.... Une femme... ne peut se voir comme étant semblable à Dieu (créée à l'image de Dieu) qu'en niant sa propre identité sexuelle et qu'en affirmant que Dieu transcende l'identité sexuelle. Elle n'aura jamais l'expérience qui est librement disponible à tous les garçons et tous les hommes de sa culture de voir son identité sexuelle pleinement affirmée comme étant à l'image et à l'apparence de Dieu.»

...

Une deuxième implication importante du symbole de la Déesse pour les femmes est l'affirmation du corps féminin et du cycle de vie qui y est exprimé. La position unique de la femme en tant que donneuse de vie, qui prend soin des enfants et des mourants, rend son rapport avec le corps, la nature et ce monde très évident. Les femmes ont toujours été dénigrées parce qu'elle semblaient plus charnelles, plus pulpeuses et plus proches de la terre que les hommes, les créateurs de la culture.

La Dame Perdue   Margaret Barker, via sa présentation à la conférence «The Worlds of Joseph Smith»: «. . . elle était la Sagesse, celle qui Josias a éventuellement purgée du temple, mais dont le symbole, l'Arbre de Vie, y a été enlevé plusieurs années auparavant à l'époque d'Esaïe, et puis remplacé. A l'époque de Josias, son arbre, l'Ashera, la menora, a été enfin enlevé du temple.» Puis, «il y avait de longs souvenirs du temple perdu. A l'époque du Messie, il était dit que le vrai temple toutes les choses perdues seraient restaurés: l'esprit, le feu, les chérubin, l'arche, mais aussi l'huile d'onction et la menora.» Transcription en anglais par Joe Hunt sur http://www.joehunt.org/joseph-smith-margaret-barker-talk.html.

Amiri   Du poème d'Amiri Baraka, «Preface to a Twenty Volume Suicide Note.» «Et maintenant, chaque nuit je compte les étoiles, Et chaque nuit j'arrive au même nombre. Et lorsqu'elles ne viendront pas pour être comptées, je compte les trous qu'elles laissent derrière elles.» dans LeRoi Jones, *Preface to a*

Twenty Volume Suicide Note (New York: Totem Press/Corinth Books, 1961).

Ce que Rosemary m'a enseigné Rosemary Radford Ruether, *Sexism and God-talk: Toward a Feminist Theology* (Boston: Beacon Press, 1993).

Dé-materné Titre inspiré à la fois de Meghan O'Rourke, «Unmothered, on Mother's Day,» *Slate*, 6 mai 2010, http://www.slate.com/articles/life/grieving/2010/05/unmothered_on_mothers_day.html et de Ruth Margalit, «The Unmothered,» *The New Yorker*, 9 mai 2014. http://www.newyorker.com/books/page-turner/the-unmothered.

Le premier chagrin Titre inspiré de Margaret Rampton Munk, «First Grief,» *Exponent II* 5.1 (1978), 17.

Chaque jour Inspirée de Meghan O'Rourke: «Dé-materné n'est pas un mot dans le dictionnaire, mais je trouve qu'il devrait y être. Le 'vrai' mot qui lui ressemble le plus—et cela ne m'échappe jamais—est déraciné. Son irremplaçabilité est ce qui devient de plus en plus forte—et de plus en plus étrange—avec le temps: Suis-je vraiment celle qui s'est réveillé encore sans une mère? Oui, c'est moi.» dans «Unmothered, on Mother's Day,» *Slate*, 6 mai 2010, http://www.slate.com/articles/life/grieving/2010/05/unmothered_on_mothers_day.html.

Chercher ma Mère   Proverbes 8:1; 10 «La sagesse ne crie-t-elle pas? L'intelligence n'élève-t-elle pas sa voix?... Préférez mes instructions à l'argent, Et la science à l'or le plus précieux.»

La femme dans le désert   Apocalypse 12:6 «Et la femme s'enfuit dans le désert, où elle avait un lieu préparé par Dieu...»

La femme dans la lune   Joe Hunt.

Es-tu ma Mère?   Inspirée par le livre pour enfants, P.D. Eastman, *Are You My Mother?* (New York: Random House for Young Readers, 1998).

Non-fiction   Lisa van Orman Hadley, «Irreversible Things» *Epoch*, 63.2 (2014).

Dieu, tu es là?   Judy Blume, *Dieu tu es là? C'est moi Margaret*! (L'Ecole des loisirs, 1986)

Respire   Inspirée de Friedrich Nietzsche: «Dieu est mort! Dieu reste mort! Et c'est nous qui l'avons tué!» *Le Gai Savoir*.

Suis ton nez   Inspirée des publicités des années 1980 des céréales pour enfants.

L'heure où Elle a appris qu'Elle était Dieu   Jean 16:21 «La femme, lorsqu'elle enfante, éprouve de la tristesse, parce que son heure est venue; mais, lorsqu'elle a donné le jour à l'enfant, elle ne se souvient plus de la souffrance, à cause de la joie qu'elle a de ce qu'un homme est né dans le monde.»

La Grande Elle est   Exode 3:14 «Dieu dit à Moïse: Je suis celui qui suis. Et il ajouta: C'est ainsi que tu répondras aux enfants d'Israël: Celui qui s'appelle «je suis» m'a envoyé vers vous.»

Au commencement   Genèse 1:3 «Dieu dit: Que la lumière soit! Et la lumière fut.» Plus un peu de sagesse de Kristine Haglund.

Elle a fixé les dimensions   Job 38:5–7 «Qui en a fixé les dimensions, le sais-tu? Ou qui a étendu sur elle le cordeau? Sur quoi ses bases sont-elles appuyées? Ou qui en a posé la pierre angulaire, Alors que les étoiles du matin éclataient en chants d'allégresse, Et que tous les fils de Dieu poussaient des cris de joie?

Luna   Pour Luna.

L'Ancienne des nuits   D&A 138:38–39 «Parmi les grands et les puissants qui étaient réunis dans cette vaste assemblée des justes, il y avait notre père Adam, l'Ancien des jours et le père de tous, et notre glorieuse mère Ève avec beaucoup de ses filles fidèles qui avaient vécu au cours des siècles et adoré le Dieu vrai et vivant.»

Son œuvre et Sa gloire   Moïse 1:39 «Car voici mon œuvre et ma gloire: réaliser l'immortalité et la vie éternelle de l'homme.»

Ce que Margaret m'a enseigné Margaret Toscano : « John A. Phillips dit, 'Nous ne pouvons pas comprendre l'histoire d'Eve sans la voir comme une Créatrice-Déesse déchue, et, en effet, dans un sens, comme la création elle-même.' En fait, le nom Eve ne vient pas du verbe 'être' mais est dérivé d'une racine en Hébreu (chaya) qui signifie 'vivre.' » « Put on Your Strength O Daughters of Zion: Claiming Priesthood and Knowing the Mother, » dans *Women and Authority*, ed. Maxine Hanks (Salt Lake City, Signature Books, 1992), 428.

La tisserande Inspiré de la pièce de théâtre *Mother Wove the Morning* par Carol Lynn Pearson (Walnut Creeek, CA: Pearson, 1995). Et de la photographie *Sans titre* de Whitney Bushman (12 septembre 2002), exposée dans Immediate Present, dirigée par Laura Allred Hurtado à Riverside Church à New York City pour le premier Mormon Arts Center Festival. Ainsi que ma propre réponse « We Have Need of Each Other, » publiée dans le catalogue de l'exposition, Immediate Present (New York: Mormon Arts Center, 2017).

Ce que Whitney m'a enseigné Inspirée également par la photographie de Whitney Bushman et ma réponse « We Have Need of Each Other, » publiée dans le catalogue de l'exposition, Immediate Present (New York: Mormon Arts Center, 2017).

La grande Créatrice Titre inspiré de Margaret Toscano : « La 'Mère de tous les vivants' est le titre donné dans les temps anciens à plusieurs déesses, mais principalement à la Créatrice. »

«Put on Your Strength O Daughters of Zion: Claiming Priesthood and Knowing the Mother,» dans *Women and Authority*, ed. Maxine Hanks (Salt Lake City, Signature Books, 1992), 428.

Genèse   Genèse 1:27 «Dieu créa l'homme à son image, il le créa à l'image de Dieu, il créa l'homme et la femme.»

La Mère de tous les vivants   Genèse 3:20 «Adam donna à sa femme le nom d'Eve: car elle a été la mère de tous les vivants.»

Le Dieu maternel   Jason Kerr, «The image of the Mothering God,» sur le blog *By Common Consent*, 8 mai 2016, https://bycommonconsent.com/2016/05/08/the-image-of-the-mothering-god/. «Lauren Winner fait appel à un observation d'une amie que presque chaque histoire de naissance inclut un moment où la femme en travail dit, 'Je ne peux plus le faire.'»

L'angoisse de séparation, II   D&A 121:7–8 «Mon fils, que la paix soit en ton âme! Ton adversité et tes afflictions ne seront que pour un peu de temps; et alors, si tu les supportes bien, Dieu t'exaltera en haut; tu triompheras de tous tes ennemis.»

Au Livre saint gravent tout ce que tu fais   Titre du cantique «Fais ton devoir, voici la lumière.»

Ce qu'Adam m'a enseigné   Adam Miller, *Letters to a Young Mormon*, Maxwell Institute, 2013,40. «Tu découvriras peut-être que le silence de Dieu n'est pas une reproche mais une invitation.

Les cieux ne sont pas vides, ils sont calmes. Et Dieu, plutôt que te renvoyer, t'invites peut-être à partager ce silence avec lui.»

La petite voix douce   1 Rois 19:11–12 «L'Eternel dit: Sors, et tiens-toi dans la montagne devant l'Eternel! Et voici, l'Eternel passa. Et devant l'Eternel, il y eut un vent fort et violent qui déchirait les montagnes et brisait les rochers: l'Eternel n'était pas dans le vent. Et après le vent, ce fut un tremblement de terre: l'Eternel n'était pas dans le tremblement de terre. Et après le tremblement de terre, un feu: l'Eternel n'était pas dans le feu. Et après le feu, un murmure doux et léger.»

Hors de prix   Proverbes 8:11 «Car la sagesse vaut mieux que les perles, Elle a plus de valeur que tous les objets de prix.»

Plusieurs noms   D'autres noms auraient pu être ajoutés, tel que Hokma et Shekina. Pour Thea, et Cora, et Luna.

La chair   D&A 130: 22 «Le Père a un corps de chair et d'os aussi tangible que celui de l'homme, le Fils aussi.»

La Grande Elle est, II   Exode 3:6 «Et il ajouta: Je suis le Dieu de ton père, le Dieu d'Abraham, le Dieu d'Isaac et le Dieu de Jacob. Moïse se cacha le visage, car il craignait de regarder Dieu.»

Apprivoisées   Antoine de Saint-Exupéry, *Le petit prince*, «Les hommes ont oublié cette vérité, dit le renard. Mais tu ne dois pas l'oublier. Tu deviens responsable pour toujours de ce que tu as apprivoisé. Tu es responsable de ta rose.»

Le Dieu de votre mère   Genèse 49:25 «C'est l'œuvre du Dieu de ton père, qui t'aidera; C'est l'œuvre du Tout-Puissant, qui te bénira Des bénédictions des cieux en haut, Des bénédictions des eaux en bas, Des bénédictions des mamelles et du sein maternel.»

La Reine   Esaïe 49:23 «Des rois seront tes nourriciers, et leurs princesses tes nourrices; Ils se prosterneront devant toi la face contre terre, Et ils lécheront la poussière de tes pieds, Et tu sauras que je suis l'Eternel, Et que ceux qui espèrent en moi ne seront point confus.»

Le Dieu qui pleure   Titre du livre de Fiona et Terryl Givens, *The God Who Weeps: How Mormonism Makes Sense of Life* (Salt Lake City, UT: Deseret Book, 2012). Et Matthieu 2:18 «On a entendu des cris à Rama, Des pleurs et de grandes lamentations: Rachel pleure ses enfants, Et n'a pas voulu être consolée, Parce qu'ils ne sont plus.»

Ce que Chieko m'a enseigné   Chieko Okazaki: L'Evangile nous enseigne que chaque individu est un enfant précieux et chéri des parents célestes.» «A Living Network,» *Ensign* (1995). Et «Notre Père Céleste reste avec nous dans nos moments d'angoisse. Il sait à quoi nous pensons et ce que nous ressentons. Même si Son visage nous est caché, Ses bras sont autour de nous.» *Sanctuary* (Salt Lake City, UT: Deseret Book, 1997), 149.

Celle qui regarde les moineaux   Luc 12:6–7 «Ne vend-on pas cinq passereaux pour deux sous? Cependant, aucun d'eux n'est oublié devant Dieu. Et même les cheveux de votre tête sont tous comptés. Ne craignez donc point: vous valez plus que beaucoup de passereaux.»

Les eaux vives   Jean 4:13–14 «Jésus lui répondit: Quiconque boit de cette eau aura encore soif; mais celui qui boira de l'eau que je lui donnerai n'aura jamais soif, et l'eau que je lui donnerai deviendra en lui une source d'eau qui jaillira jusque dans la vie éternelle.»

Ce que Gene m'a enseigné   Eugene England: «Les Ecritures et les révélations modernes suggèrent clairement qu'une lecture plus correcte et profitable des références à 'Dieu' serait un partenariat éternel entre le Père Céleste et la Mère Céleste. Ils ont une unité plus parfaite que celle entre Dieu et le Christ et le Saint-Esprit, et donc le mot Dieu implique les deux personnes, autant qu'il implique les trois personnes de la Divinité classique chrétienne que nous appelons 'Dieu.'» «Becoming Bone of Bone and Flesh of Flesh,» dans *As Women of Faith: Talks Selected from the BYU Women's Conferences*, ed. Mary E. Stovall et Carol Cornall Madsen (Salt Lake City, UT: Deseret Book, 1989), 110.

(Erastus Snow était d'accord: «Or, il ne l'est pas dit en tant de mots dans les Ecritures que nous avons une Mère Céleste ainsi qu'un Père. C'est à nous de le déduire à partir de ce que nous voyons et connaissons de toutes les choses vivantes sur la terre, dont l'homme. Les principes de masculin et de féminin sont unis et sont tous les deux nécessaires pour d'accomplissement de l'objet de leur être, et si tel n'est pas le cas avec notre Père Céleste l'image à laquelle nous sommes créés, alors c'est une anomalie dans la nature. Mais pour nous, l'idée d'un Père renvoie à celle d'une Mère.... Alors quand il est dit que Dieu a créé nos premiers parents à Son image ... il est intimé dans un langage suffisamment clair que le principe de masculin et de féminin était aussi présent avec les Dieux qu'il l'est avec l'homme.» *Journal of Discourses*, 26:214 (1855).)

Dieu a tant aimé le monde   Jean 3:16 «Car Dieu a tant aimé le monde qu'il a donné son Fils unique, afin que quiconque croit en lui ne périsse point, mais qu'il ait la vie éternelle.»

Les Mères   Luc 1:41–42 «Dès qu'Elisabeth entendit la salutation de Marie, son enfant tressaillit dans son sein, et elle fut remplie du Saint-Esprit. Elle s'écria d'une voix forte: Tu es bénie entre les femmes, et le fruit de ton sein est béni.»

Premiers miracles   Jean 2:1–11 «Trois jours après, il y eut des noces à Cana en Galilée. La mère de Jésus était là, et Jésus fut aussi invité aux noces avec ses disciples. Le vin ayant manqué, la mère de Jésus lui dit: Ils n'ont plus de vin. Jésus lui répondit: Femme, qu'y a-t-il entre moi et toi? Mon heure n'est pas encore venue. Sa mère dit aux serviteurs: Faites ce qu'il vous dira. Or, il y avait là six vases de pierre, destinés aux purifications des

Juifs, et contenant chacun deux ou trois mesures. Jésus leur dit: Remplissez d'eau ces vases. Et ils les remplirent jusqu'au bord. Puisez maintenant, leur dit-il, et portez-en à l'ordonnateur du repas. Et ils en portèrent. Quand l'ordonnateur du repas eut goûté l'eau changée en vin,-ne sachant d'où venait ce vin, tandis que les serviteurs, qui avaient puisé l'eau, le savaient bien, -il appela l'époux, et lui dit: Tout homme sert d'abord le bon vin, puis le moins bon après qu'on s'est enivré; toi, tu as gardé le bon vin jusqu'à présent. Tel fut, à Cana en Galilée, le premier des miracles que fit Jésus. Il manifesta sa gloire, et ses disciples crurent en lui.»

Comme un homme que sa Mère console   Esaïe 66:12–13 «Car ainsi parle l'Eternel: Voici, je dirigerai vers elle la paix comme un fleuve, Et la gloire des nations comme un torrent débordé, Et vous serez allaités; Vous serez portés sur les bras, Et caressés sur les genoux. Comme un homme que sa mère console, Ainsi je vous consolerai; Vous serez consolés dans Jérusalem.»

Les Parents Célestes   Joseph Smith—Histoire 1:17 «... je vis deux Personnages dont l'éclat et la gloire défient toute description, et qui se tenaient au-dessus de moi dans les airs. L'un d'eux me parla, m'appelant par mon nom, et dit, en me montrant l'autre: *Celui-ci est mon Fils bien-aimé. Écoute-le!*»

Le langage de la colombe   TJS, Matthieu 3:45–46 «Dès que Jésus eut été baptisé, il sortit de l'eau. Et Jean regarda, et voici: les cieux s'ouvrirent, et il vit l'Esprit de Dieu descendre comme une colombe et venir sur Jésus. Et voici, il entendit une voix qui faisait résonner des cieux ces paroles: Celui-ci est mon Fils bien-aimé, en qui j'ai mis toute mon affection. Ecoutez-le.»

La Dame dans le temple   «Sainteté au Seigneur. La Maison du Seigneur.»

Quand Jésus était un enfant   Luc 2:49 «il leur dit: Pourquoi me cherchiez-vous? Ne saviez-vous pas qu'il faut que je m'occupe des affaires de mon Père?» via la sagesse de Melody Newey Johnson.

Telle Mère, Tel Fils   Jean 14:9 «Jésus lui dit: Il y a si longtemps que je suis avec vous, et tu ne m'as pas connu, Philippe! Celui qui m'a vu a vu le Père; comment dis-tu: Montre-nous le Père?»

L'arbre Mère   Inspiré d'Amber Richardson et ses visions sur Jacob 5. «Mes études sur l'Arbre Mère au centre de cette parabole m'ont donné de la paix et de la perspective. Le fruit de l'Arbre Mère n'était mauvais que lorsque les branches sont devenues 'hautes' et trop grandes pour les racine, mais tant que les branches poussent en tandem avec les racines, l'arbre produit du bon fruit. Quand je pense à moi-même comme une branche naturelle de l'Arbre Mère, je suis profondément réconfortée par la réunion finale de la branche avec l'arbre mère. N'est-ce magnifique que l'objectif du Seigneur de la Vigne est de ramener la branche à la Mère? En tant qu'enfants d'une Mère Divine, il est vraiment naturel de désirer et de réaliser ce processus de greffe, et lorsque nous permettons au jardinier, notre Seigneur Jésus-Christ, de nous guider, nous trouverons que nos racines et nos branches, et nos cœurs et nos esprits, grandiront en tandem jusqu'à ce que nous soyons prêts qu'Elle se révèle à nous.» La page Facebook d'Amber Richardson, accédée en juin 2017 (Partagée avec sa permission).

Jacob 5:54–56,60 «Et voici, les racines des branches naturelles de l'arbre, que j'ai plantées où je le voulais, sont encore vivantes; c'est pourquoi, afin de me les conserver aussi pour mon dessein, je vais prendre certaines des branches de cet arbre, et je vais les greffer sur elles. Oui, je vais greffer sur elles les branches de leur arbre d'origine, afin de me conserver aussi les racines, afin que, lorsqu'elles seront suffisamment fortes, elles me donnent peut-être du bon fruit, et que je tire encore gloire du fruit de ma vigne. Et il arriva qu'ils prirent de l'arbre naturel, qui était devenu sauvage, et greffèrent sur les arbres naturels, qui étaient aussi devenus sauvages. Et ils prirent aussi des arbres naturels, qui étaient devenus sauvages, et greffèrent sur leur arbre d'origine. Et parce que j'en ai conservé les branches naturelles et les racines, et que j'ai greffé les branches naturelles sur leur arbre d'origine, et ai conservé les racines de leur arbre d'origine, afin que peut-être les arbres de ma vigne donnent encore du bon fruit, et que je me réjouisse encore du fruit de ma vigne, et que peut-être je me réjouisse extrêmement d'avoir conservé les racines et les branches des premiers fruits.»

La bonne Bergère   Jean 10:3-4 «Le portier lui ouvre, et les brebis entendent sa voix; il appelle par leur nom les brebis qui lui appartiennent, et il les conduit dehors. Lorsqu'il a fait sortir toutes ses propres brebis, il marche devant elles; et les brebis le suivent, parce qu'elles connaissent sa voix.»

Sa voix   Søren Kierkegaard, «La voix de Dieu est toujours un murmure...» *Two Ages: «The Age of Revolution»* and *«The Present Age» A Literary Review* (Princeton: Princeton University Press, 2009), 10. Et, "Quand la mer exerce tous ses pouvoirs, c'est le moment précis où elle ne peut refleter l'image des cieux, et même le moindre mouvement brouille l'image; mais lorsqu'elle devient calme et profonde, alors l'image des cieux sombre dans le néant.» *Eighteen Upbuilding Discourses* (Princeton: Princeton University Press, 1992), 299.

Il est venu à Elle   Matthieu 26:37 «Il prit avec lui Pierre et les deux fils de Zébédée, et il commença à éprouver de la tristesse et des angoisses.» Luc 22:41-44 «Puis il s'éloigna d'eux à la distance d'environ un jet de pierre, et, s'étant mis à genoux, il pria, disant: Père, si tu voulais éloigner de moi cette coupe! Toutefois, que ma volonté ne se fasse pas, mais la tienne. Alors un ange lui apparut du ciel, pour le fortifier. Etant en agonie, il priait plus instamment, et sa sueur devint comme des grumeaux de sang, qui tombaient à terre.»

L'arbre de Vie   Melvin J. Ballard, «Je crois pouvoir m'imaginer notre cher Père à cette heure-là, contemplant cette agonie derrière le voile jusqu'à ne plus pouvoir le supporter, et, comme une mère qui dit adieu à son enfant mourant, doit être sortie de la salle pour ne pas avoir à regarder les dernières luttes, il a baissé la tête, et s'est caché dans un coin de son univers, Son grand cœur presque brisé d'amour pour son Fils.» «His Great Heart Almost Breaking,» http://emp.byui.edu/huffr/His%20 Great%20Heart%20Almost%20Breaking%20--%20Melvin%20 J.%20Ballard.htm.

Chieko Okazaki, «Je m'émerveille de la force et du courage qu'avait nos Parents Célestes lorsqu'ils nous ont envoyés vers la mortalité et devant toutes les morts qu'ils ont souffertes avec nous dans nos propres souffrances. Nous connaissons quelque chose du chagrin puissant de notre Père lorsqu'il s'est retiré de Son Fils, Jésus-Christ, lors de l'Expiation et de Sa mort sur la croix.» «Walking through the Valley of the Shadow,» dans *Sanctuary* (Salt Lake City, UT: Deseret Book, 1997), 148–149.

Les places célestes   D&A 20:24 «et monta au ciel pour s'asseoir à la droite du Père, pour régner avec toute-puissance selon la volonté du Père.»

Ce que Joseph m'a enseigné   Joseph Smith: «Si les hommes ne comprennent pas le caractère de Dieu, ils ne se comprennent pas eux-mêmes.» « Le sermon pour King Follett,» republié dans *The Ensign*, avril 1971.

La Mère et grande et large   Titre via Annie K. Blake. 2 Néphi 1:15 «Mais voici, le Seigneur a racheté mon âme de l'enfer; j'ai vu sa gloire, et je suis enserré éternellement dans les bras de son amour.»

Ce que Janan m'a enseigné   Janan Graham-Russell, «Heavenly Mother is a Black Woman,» sur le blog *By Common Consent*, 23 avril 2017, https://bycommonconsent.com/2017/04/23/heavenly-mother-is-a-black-woman-exploring-a-mormon-womanism/.

Ce que Samuel m'a enseigné   Samuel M. Brown, *First Principles and Ordinances: The Fourth Article of Faith in Light of the Temple* (Provo, UT : Maxwell Institute, 2014), 111–112. «Pneuma vient du mot qui signifie 'le vent' ou 'le souffle,' comme le mot hébreu ruach. Pour les premiers Chrétiens, le mot pneuma représente une manière d'exprimer au moins deux concepts clés. D'abord, la relation étroite entre notre souffle et notre vie. Vivre est respirer, respirer est vivre. Au moment de notre mort, un moment que nos ancêtres connaissent un peu trop bien, notre souffle se dissipe lorsque notre corps s'immobilise. Il est naturel de faire la relation entre le souffle et l'étincelle de vie, parce que respirer est l'activité qui distingue un corps endormi d'un cadavre. Le deuxième concept est l'image du vent, quelque chose de puissant qui est visible uniquement par ses effets. Pneuma porte un sens d'efficacité invisible. Le vent ne peut être vu directement, mais ses effets merveilleux sont facilement constatés ; la même chose est vraie du pouvoir ou de l'influence de Dieu. Quand nous respirons, nous inspirons et nous expirons le vent qui circule autour de nous.» Merci à Ardis Parshall de m'avoir aidé à (re-)trouver la source.

Elle contracte des alliances avec Ses enfants Mosiah 18:8–9 «Et il arriva qu'il leur dit: Voici, ici se trouvent les eaux de Mormon (car c'est ainsi qu'elles étaient appelées); et maintenant, puisque vous désirez entrer dans la bergerie de Dieu et être appelés son peuple, et êtes disposés à porter les fardeaux les uns des autres, afin qu'ils soient légers; oui, et êtes disposés à pleurer avec ceux qui pleurent, oui, et à consoler ceux qui ont besoin de consolation...» Romains 12:15 «Réjouissez-vous avec ceux qui se réjouissent; pleurez avec ceux qui pleurent.»

Ce que Terry m'a enseigné Terry Tempest Williams, *When Women Were Birds: Fifty-four Variations on Voice*. «Il étaient exactement où elle avait dit qu'ils seraient: trois étagères de beaux livres sous reliure en toile... j'ai ouvert le premier journal. Il était vide. J'ai ouvert le deuxième journal. Il était vide. J'ai ouvert le troisième. Il était vide, ainsi que le quatrième, le cinquième, le sixième—sur toutes les étagères, les journaux de ma mère étaient vierges. (New York:Picador, 2013, 2013), 2.

Li-Young Lee Le poème de Li-Young Lee, «Living with Her,» lue lors d'un forum à l'Université de Brigham Young à Provo, UT, automne 2003, dans son discours «Infinite Inwardness,» https://speeches.byu.edu/talks/li-young-lee_infinite_inwardness/.

J'ai rêvé que ma Mère était Dieu Titre inspiré du projet d'histoire nationale de Paul Auster, *I Thought My Father Was God: And Other True Tales*, (New York: Picador, 2002).

Ce que la Mère m'a enseigné, II   Phyllis Luch, «Ô, Maman, par ces fleurs, reçois mon tendre amour; Qu'il embaume ta vie tout au long des jours. Car si j'aime les fleurs, la marche et les prairies, C'est toi, chère Maman, qui me l'as appris.» *Recueil des chants pour les enfants*. Pour Claudia Hunt.

Ce qu'Alicia m'a enseigné   Alicia Harris, «On nous demande de prendre soin et de travailler la terre, et nous sommes bénis lorsque nous avons un potager. Je trouve que l'idée d'avoir une intendance est unique dans la théologie du mormonisme. Dieu la Mère est dans le jardin. Elle y vit et s'y épanouit et y meurt. Elle est cachée sous les rochers. Un astrophysicien m'a dit une fois que la manière dont un pendule de balance (sa vitesse et son arc) révèle le pouls de la planète. Son pouls.» «Earth Mother, Part II,» sur le blog *The Exponent*, 19 mai 2014, http://www.the-exponent.com/earth-mother-part-ii/.

«La terre nous enseigne le temps féminin, la mort et la vie. Le temps de la terre est cyclique et nous porte pendant nos moments difficiles. La terre sait quand il faut laisser les choses mourir, et puis elles le font. Et la terre sait aussi comment ramener les choses à la vie et les guérir. Lors de la cérémonie l'année dernière, une grand-mère, que l'on croit vivre dans l'Est, a invoqué une bénédiction. Elle ramène le lendemain, l'avenir et le lever du soleil chaque jour.» «Earth Mother, Part I,» sur le blog *The Exponent*, 16 mai 2014, http://www.the-exponent.com/earth-mother-part-i/.

Mère Terrestre   Moïse 7:48–49 «Et il arriva qu'Hénoc posa les yeux sur la terre, et il entendit une voix venant des entrailles de celle-ci, qui disait: Malheur, malheur à moi, la mère des hommes; je suis affligée, je suis lasse à cause de la méchanceté de mes enfants. Quand me reposerai-je et serai-je purifiée de la souillure qui est sortie de moi? Quand mon Créateur me sanctifiera-t-il, afin que je me repose et que la justice demeure un certain temps à ma surface? Et lorsqu'il entendit la terre se lamenter, Hénoc pleura et cria vers le Seigneur, disant: Ô Seigneur, n'auras-tu pas compassion de la terre? Ne béniras-tu pas les enfants de Noé?»

L'esprit d'Eliza   Malachie 4:5–6 «Voici, je vous enverrai Elie, le prophète, Avant que le jour de l'Eternel arrive, Ce jour grand et redoutable. Il ramènera le cœur des pères à leurs enfants, Et le cœur des enfants à leurs pères…»

La première chose à faire   Inspirée de *Max et les Maximonstres* de Maurice Sendak. «Il navigua plus d'un an pour arriver au pays des Maximonstres. Les Maximonstres roulaient des yeux terribles, ils poussaient de terribles cris, ils faisaient grincer leurs terribles crocs et ils dressaient vers Max leurs terribles griffes. «Silence» dit simplement Max.» Inspirée également du Psaume 46:10 «Arrêtez, et sachez que je suis Dieu.»

Un chahut   *Max et les Maximonstres* de Maurice Sendak, «Vous êtes terrible, vous êtes notre roi»

Brûle comme une flamme   Titre du cantique de William W. Phelps, «L'Esprit du Dieu saint»

J'y ai une Mère   Eliza R. Snow, «O mon Père.» «Es-tu seul en ta demeure? Non, la vérité me dit, La raison en moi confirme Que j'ai une Mère aussi.»

J'ai une Mère ici   Inspiré de «A Mother Here,» http://www.a-motherhere.com/, ainsi que la belle citation du Président Harold B. Lee: «Nous oublions que nous avons un Père Céleste et une Mère Céleste qui nous aiment probablement plus que nos père et mère ici-bas, et que leur influence essaie sans cesse de nous aider lorsque nous faisons tout ce que nous pouvons faire.» «The Influence and Responsibility of Women,» *Relief Society Magazine* 51.2 (1964), 85.

La potière s'imprime   Esaïe 64:8 «Cependant, ô Eternel, tu es notre père; Nous sommes l'argile, et c'est toi qui nous as formés, Nous sommes tous l'ouvrage de tes mains.»

Avant   Jérémie 1:5 «Avant que je t'eusse formé dans le ventre de ta mère, je te connaissais, et avant que tu fusses sorti de son sein, je t'avais consacré, je t'avais établi prophète des nations.»

Les vérités les plus répétées   Dans mes recherches, les deux passages les plus cités à propos de la Mère Céleste par les Autorités Générales que j'ai trouvés sont: «Tous les êtres humains, hommes et femmes, sont créés à l'image de Dieu. Chacun est un fils ou une fille d'esprit aimé de parents célestes, et, à ce titre, chacun a une nature et une destinée divines.» «La famille: Déclaration au monde»

Et celui-ci d'Orson F. Whitney: «Aucune des souffrances que nous connaissons, aucune des épreuves que nous traversons n'est vaine. Elles témoignent de notre éducation et du développement des qualités telles la patience, la foi, la fortitude et l'humilité. Tout ce que nous subissons et tout ce que nous endurons, surtout lorsque nous l'endurons patiemment, fortifie notre personnalité, nous purifie le cœur, nous épanouit l'âme et nous rend plus tendres et plus charitables, plus dignes d'être appelé les enfants de Dieu ... C'est par le chagrin et la souffrance, les labeurs et les tribulations que nous acquérons l'éducation que nous sommes venus acquérir ici et qui nous rendront plus semblables à notre Père et à notre Mère Célestes.» (Vu dans Spencer W. Kimball, *Faith Precedes the Miracle* (Salt Lake City, UT: Deseret Book, 1972), 98.

La communion Marc 14:22 «Pendant qu'ils mangeaient, Jésus prit du pain; et, après avoir rendu grâces, il le rompit, et le leur donna, en disant: Prenez, ceci est mon corps.»

Le lait maternel Angela Garbes, «The More I Learn About Breast Milk, the More Amazed I am,» *The Stranger*, 26 août 2015, http://www.thestranger.com/features/feature/2015/08/26/22755273/the-more-i-learn-about-breast-milk-the-more-amazed-i-am. Kristen Tea, «10 Things You Might Not Know About Breastfee-

ding,» *Mothering*, 7 october 2015, http://www.mothering.com/
articles/10-things-might-not-know-breastfeeding/.

Dieu s'est souvenu de Rachel Genèse 30:22 «Dieu se sou-
vint de Rachel, il l'exauça...» Esaïe 49:15 «Une femme oublie-
t-elle l'enfant qu'elle allaite? N'a-t-elle pas pitié du fruit de ses
entrailles? Quand elle l'oublierait, Moi je ne t'oublierai point.»

Elle s'appelle peut-être Beatrice Dante Alighieri, *Divine
Comédie* (1320).

Et même les cheveux de votre tête Luc 12:6–7 «Ne vend-on
pas cinq passereaux pour deux sous? Cependant, aucun d'eux
n'est oublié devant Dieu. Et même les cheveux de votre tête
sont tous comptés. Ne craignez donc point: vous valez plus que
beaucoup de passereaux.»

Le petit-déjeuner Proverbes 8:17 «J'aime ceux qui m'aiment,
Et ceux qui me cherchent me trouvent.»

Es-tu ma Mère, II P.D. Eastman, *Are You My Mother?* (New
York: Random House for Young Readers, 1998).

Elle se rappelle de tout Luc 12:6–7 «Ne vend-on pas cinq
passereaux pour deux sous? Cependant, aucun d'eux n'est ou-
blié devant Dieu. Et même les cheveux de votre tête sont tous
comptés. Ne craignez donc point: vous valez plus que beau-
coup de passereaux.»

Mère Poule   3 Néphi 10:4 «Ô peuples de ces grandes villes qui sont tombées, qui êtes descendants de Jacob, oui, qui êtes de la maison d'Israël, combien de fois vous ai-je rassemblés, comme une poule rassemble ses poussins sous ses ailes, et vous ai-je nourris!»

Elle est venue à elle   Matthieu 26:37 «Il prit avec lui Pierre et les deux fils de Zébédée, et il commença à éprouver de la tristesse et des angoisses.» Luc 22:43 «Alors un ange lui apparut du ciel, pour le fortifier.»

Le sel et la lumière   Matthieu 5:13–15 «Vous êtes le sel de la terre. Mais si le sel perd sa saveur, avec quoi la lui rendra-t-on? Il ne sert plus qu'à être jeté dehors, et foulé aux pieds par les hommes. Vous êtes la lumière du monde. Une ville située sur une montagne ne peut être cachée; et on n'allume pas une lampe pour la mettre sous le boisseau, mais on la met sur le chandelier, et elle éclaire tous ceux qui sont dans la maison.»

Son répertoire   Inspirée d'un article par Heather Sundahl, «Mourning Sickness: Dealing with Miscarriage,» sur le blog *The Exponent*, 2 juin 2011, http://www.the-exponent.com/mourning-sickness-dealing-with-miscarriage/. Et Liz Layton Johnson, «Reaching for Her» sur le blog *By Common Consent*, 5 mai 2012, https://bycommonconsent.com/2012/03/05/reaching-for-her/. Merci à Carrie Stoddard Salisbury de m'avoir aidé avec le vocabulaire musical.

La doula céleste   Inspiré de Ryan Thomas, «My Search for the Divine Feminine,» *The Exponent* 30.2 (2010), 25, http://www.exponentii.org/wp-content/uploads/2010/09/Fall-2010.pdf.

L'image miroir   Genèse 1:27 «Dieu créa l'homme à son image, il le créa à l'image de Dieu, il créa l'homme et la femme.»

D'une manière obscure   1 Corinthiens 13:12 «Aujourd'hui nous voyons au moyen d'un miroir, d'une manière obscure, mais alors nous verrons face à face; aujourd'hui je connais en partie, mais alors je connaîtrai comme j'ai été connu.»

Après avoir dormi dans la forêt   D'un poème par Mary Oliver, «Dormir dans la forêt.» « Je pensais que la terre se souvenait de moi, elle m'a ramenée si tendrement, a organisé ses jupes noires, ses poches pleines de lichens et de graines. J'ai dormi comme jamais auparavant...» *New and Selected Poems* (Boston: Beacon Press, 1993).

Ce que Jeffrey m'a enseigné   Jeffrey R. Holland, «Nous Parents Célestes nous tendent les bras ... à travers des rivières, des montages et des déserts, ils sont anxieux de nous serrer fort.» *However Long and Hard the Road* (Salt Lake City, UT: Deseret Book, 1985), 47.

La Mère met ses délices à être claire   2 Néphi 31:3 «Car mon âme fait ses délices de la clarté, car c'est de cette manière que le Seigneur Dieu agit parmi les enfants des hommes. Car le

Seigneur Dieu donne la lumière à l'intelligence; car il parle aux hommes selon leur langage, pour qu'ils comprennent.»

Ce que Jim m'a enseigné   Jim James, «His Master's Voice,» *Monsters of Folk* (Shangri-La, 2009). «Il voit son enfant intérieur. Il entend la voix de sa mère qui l'appelle doucement… Le bruit de la vie et de l'amour remplissent ses oreilles.»

Une planète et une étoile   Antoine de Saint-Exupéry, *Le petit prince*, «'Ce qui embellit le désert, dit le petit prince, c'est qu'il cache un puits quelque part…' Je fus surpris de comprendre soudain ce mystérieux rayonnement du sable. Lorsque j'étais petit garçon j'habitais une maison ancienne, et la légende racontait qu'un trésor y était enfoui. Bien sûr, jamais personne n'a su le découvrir, ni peut-être même ne l'a cherché. Mais il enchantait toute cette maison. Ma maison cachait un secret au fond de son cœur.…»

Mon premier article de foi   Le premier article de foi, «Nous croyons en Dieu, le Père éternel, et en son Fils, Jésus-Christ, et au Saint-Esprit.»

Mon deuxième   Le thème des Jeunes Filles, «Nous sommes les filles de notre Père céleste qui nous aime et que nous aimons.»

Re-tourné   Malachie 4:5–6 «Voici, je vous enverrai Elie, le prophète, Avant que le jour de l'Eternel arrive, Ce jour grand et redoutable. Il ramènera le cœur des pères à leurs enfants, Et le cœur des enfants à leurs pères…»

Ce que J.P. m'a enseigné   Inspirée de la belle chanson, «There's a Lighthouse» par un ami, J. P. Haynie/The Glendale Rabashaw's.

Telle qu'Elle est   Moroni 7:48 «C'est pourquoi, mes frères bien-aimés, priez le Père de toute l'énergie de votre cœur, afin d'être remplis de cet amour qu'il a accordé à tous ceux qui sont de vrais disciples de son Fils, Jésus-Christ; afin de devenir les fils de Dieu; afin que lorsqu'il apparaîtra, nous soyons semblables à lui, car nous le verrons tel qu'il est; afin que nous ayons cette espérance; afin que nous soyons purifiés comme il est pur. Amen.»

Des mocassins roses   Inspirée de Carol Lynn Pearson et son essai «A Walk in Pink Moccasins,» *Sunstone* 137 (2005), 21.

Pleine de Mère   Inspirée de Carol Lynn Pearson, «A Motherless House,» dans *Women and Authority: Re-emerging Mormon Feminism*, ed. Maxine Hanks (Salt Lake City, UT: Signature Books, 1992), 232, Eliza R. Snow «O mon Père,» Joanna Brooks, «Invocation/Benediction,» *Exponent II* 50.5 (2010), 18, Lisa Bolin Hawkins, «Another Prayer,» *Exponent II* 6 (1980), 16, Margaret Rampton Munk, «First Grief,» *Exponent II* 5.1 (1978), 7, et Melody Newey Johnson, «Heavenly Mother Sings,» «A

Mother Here: Art and Poetry Contest,» (2013), http://www.amotherhere.com/coll/newey2.php#sthash.xLYmeBvz.dpbs.

Des géants   Parmi eux sont Linda Wilcox, Margaret Toscano, Janice Allred, Maxine Hanks, Carol Lynn Pearson, Linda Sillitoe, Lisa Bolin Hawkins, Margaret Rampton Munk, Joanna Brooks, Nola Wallace, Margaret Barker, Martin Pulido, David Paulsen, Fiona Givens, et Melody Newey Johnson.

Ce que Joanna m'a enseigné   Joanna Brooks, «Dieu est un Mère et un Père. Les femmes mormones comptent.» *The Book of Mormon Girl: A Memoir of an American Faith* (New York: Simon & Schuster, 2012), 140.

La vie éternelle   Jean 17:3 «Or, la vie éternelle, c'est qu'ils te connaissent, toi, le seul vrai Dieu, et celui que tu as envoyé, Jésus-Christ.»

La Mère qui sait   Titre du discours de Julie B. Beck, «Des mères qui savent,» *Liahona*, novembre 2007; 3 Néphi 13:32 «Car votre Père céleste sait que vous avez besoin de toutes ces choses.»

Ce que Vaiana m'a enseigné   Mark Mancina, «Te Fiti», *Vaiana*, «J'ai franchi l'océan pour te trouver. Je te connais. Ils ont détruit ton âme, volé ton cœur. Et tu as eu tellement peur. Moi je sais qui tu es. Et tu sais qui tu es.»

Photo: Jessica Peterson Photo

Rachel Hunt Steenblik a fait de la recherche sur la Mère Céleste pour un article apparu dans BYU Studies, «'A Mother There': A Survey of Historical Teachings about Mother in Heaven.» Elle a coédité le livre *Mormon Feminism: Essential Writings* chez Oxford University Press et écrit pour le blog The Exponent. Elle est une étudiante en doctorat en philosophie de réligion à la Clarement Graduate University, et a obtenu une licence en philosophie de l'Université de Brigham Young et une maitrîse en bibliothéconomie et en sciences de l'information du Simmons College. Elle habite dans la banlieue de New York City avec son mari et ses enfants.

huntsteenblik.com   @rachelsteenblik

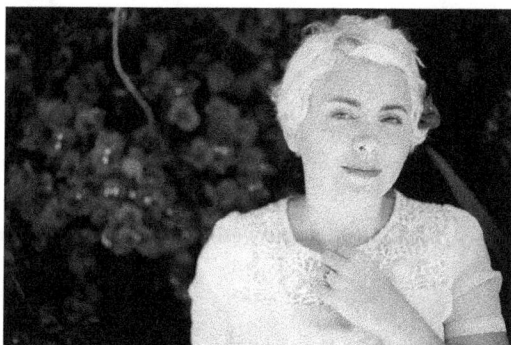

Photo: Paige Smith

Ashley Mae Hoiland est l'auteur et l'illustratrice de son livre, *One Hundred Birds Taught Me to Fly*, la publication la plus récente de la série La foi vivante au Maxwell Institute. Ses œuvres d'art, ses livres pour enfants, ses projets d'art publics et ses cartes «We Brave Women» peuvent être consultés sur ashmae.com. Elle a obtenu une licence en beaux arts et une maîtrise en poésie de l'Université de Brigham Young. Elle a trois jeunes enfants et habite à Palo Alto, en Californie.

☉

ashmae.com